글 | 김수경
서울대학교에서 가정학을 공부했습니다.
흥미롭고 재미난 글로 어린이들과 대화를 나누기 위해 늘 이것저것 궁리합니다.
쓴 책으로는 〈우리 할아버지는 괴짜 요리사〉, 〈로봇 반란을 막아라〉,
〈환경 용사 지구를 지켜라〉, 〈망고 공주와 기사 올리버〉 등이 있습니다.

그림 | 김희영
홍익대학교에서 회화를 공부했습니다.
대학생 때 호주에 갔다가 멋진 그림책들을 보면서 그림책 작가가 되기로 결심했습니다.
지금은 그 꿈을 이뤄서 책 속의 여러 주인공을 만나고 그리는 그림 작가가 되었답니다.
〈팡팡, 어디로 갈래?〉, 〈정글은 재미있어〉, 〈동생을 보내 주세요〉,
〈에코토피아에서 온 손님〉 등에 그림을 그렸습니다.

누리 세계문화 19 에스파냐 엉뚱 할아버지의 집은 어디?
글 김수경 | 그림 김희영 | 펴낸이 김의진 | 기획편집총괄 박서영 | 편집 정재은 이영민 김한상 | 글 다듬기 박미향 | 디자인 수박나무
제작·영업 도서출판 누리 | 펴낸곳 Yisubook | 주소 경기도 고양시 일산동구 일산로67, 3층 | 고객상담실 080-890-7000
잘못된 책은 바꾸어 드립니다. 이 책에 실린 글이나 그림을 무단으로 복사, 복제, 배포하는 것을 금합니다.
△1. 사람을 향해 던지거나 떨어뜨리지 마십시오. 2. 고온 다습한 장소나 직사광선이 닿는 장소에는 보관하지 마십시오.

엉뚱 할아버지의 집은 어디?

글 김수경   그림 김희영

*팜플로나의 아침이 밝자마자 나는 창을 활짝 열었어요.
오늘은 소몰이 축제가 있는 날이거든요.
사람들이 잔뜩 몰려오는 게 보여요.
아, 저기 봐요! 벌써 소들이 달려오고 있어요.
얼른 나가 봐야겠어요.

스웨덴 왕궁이 있는 곳
_감라스탄

감라스탄은 옛날 스톡홀름의 중심지였던 곳이야. 중세 시대에 세운 교회와 건물들이 빽빽하게 들어서 있지. 스웨덴에서 가장 오래된 성당과 왕과 왕비가 살았던 스웨덴 왕궁도 감라스탄에 있어. 지금은 외국에서 온 사절단이 머무는 곳으로 쓰인대.

예술의 거리_소데르맘

소데르맘은 감라스탄의 남쪽에 있는 마름모꼴의 섬이야. 예전에 가난한 사람들이 모여 살던 곳이었는데, 젊은 예술가들이 모여들면서 예술 작품들을 판매하는 곳으로 바뀌었지.

이런 게 궁금해요!

북극과 가까운 곳에 사는 사람들은 추위를 어떻게 견딜까? 해가 지지 않는 여름에는 잠을 자지 않는 걸까? 궁금한 것들을 함께 알아보자.

노벨상은 어떤 상이야?

노벨상은 스웨덴의 발명가 알프레드 노벨의 유언으로 만들어진 상이야. 물리학, 화학, 생리·의학, 경제학, 문학, 평화의 6개 부문으로 나누어져 있어. 우리나라에서는 2000년에 김대중 전 대통령이 노벨 평화상을 받았지.

바이킹들은 왜 바다로 나갔을까?

스웨덴 사람들의 조상은 바이킹이었어. 바이킹은 농사지을 땅이 부족했기 때문에 배를 타고 바다로 나갔어. 바다를 건너 다른 나라로 가서 식량을 빼앗기도 하고 장사도 하면서 살아갔지. 지금도 스웨덴 곳곳에는 바이킹들의 흔적이 남아 있다고 해.

삐삐 마을은 어떤 곳이야?

삐삐 마을은 〈삐삐 롱스타킹〉을 지은 작가 린드그렌의 고향이야. 삐삐 마을에 가면 동화 속 집들과 풍경을 볼 수 있지. 삐삐는 전 세계 어린이들이 가장 좋아하는 동화 속 주인공 중 하나야.

백야는 밤이야, 낮이야?

백야는 하얀 밤이라는 뜻이야. 밤이 되어도 어두워지지 않고 낮처럼 환하지. 스웨덴은 북극에 가까운 나라여서 여름에는 낮이 계속되고, 겨울에는 밤이 계속되는 날이 많아. 스웨덴 사람들은 백야 때 잠을 자지 않고 새벽까지 축제를 즐긴대.

창문이 왜 작을까?

스투가는 스웨덴의 전통 집이야. 통나무로 만든 작은 오두막인데, 창을 작고 좁게 만들어서 찬 바람이 들어오지 못하도록 했어. 지금도 스웨덴 사람들은 여름이나 주말이면 산이나 강, 호수 주변에 있는 작은 스투가로 가서 휴가를 즐기지.

일러두기
1. 맞춤법, 띄어쓰기는 국립국어원에서 펴낸 〈표준국어대사전〉을 기준으로 삼았습니다.
2. 외국 인명, 지명은 국립국어원의 〈외래어 표기 용례집〉을 따랐습니다.

사진제공
토픽이미지, 유로크레온, 연합뉴스, Gettyimages, Imagekorea, 몽골문화촌

재미있는 누리 세계문화

아시아
- 01 중국 | 황제를 만난 타오
- 02 일본 | 요코의 화과자
- 03 베트남 | 할아버지는 어디 계실까?
- 04 태국 | 무아이타이 고수를 찾아라
- 05 필리핀 | 차코의 소원
- 06 인도네시아 | 엄마와 함께 바롱 댄스를
- 07 몽골 | 게르에서 살까?
- 08 네팔 | 정말 예티일까?
- 09 인도 | 하누만, 소원을 들어주세요
- 10 사우디아라비아 | 지금은 라마단
- 11 터키 | 할아버지의 마법 양탄자

유럽
- 12 영국 | 앨리스와 스펜서 백작
- 13 프랑스 | 소원을 들어주는 빵
- 14 네덜란드 | 여왕님의 생일 선물
- 15 독일 | 우리는 동화 마을 방위대
- 16 스위스 | 납치된 가족은 누구?
- 17 이탈리아 | 가방이 바뀌었어
- 18 그리스 | 주문을 외워 봐
- 19 에스파냐 | 엉뚱 할아버지의 집은 어디?
- 20 스웨덴 | 삐삐와 바이킹 소년
- 21 덴마크 | 레고랜드로 간 삼촌
- 22 러시아 | 나타샤의 꿈
- 23 체코 | 슈퍼맨 마리오네트
- 24 루마니아 | 도둑을 잡으러 간 소린

아메리카
- 25 미국 | 플루토 스팟을 찾아가요
- 26 캐나다 | 퍼레이드가 좋아
- 27 멕시코 | 사라진 태양의 왕국
- 28 쿠바 | 말랭이 영감 다리 나았네
- 29 브라질 | 삼촌의 선물
- 30 페루 | 고마워요, 대장 콘도르
- 31 칠레 | 펭귄을 데려다 주자

아프리카
- 32 이집트 | 파라오의 마음이 궁금해
- 33 나이지리아 | 힘차게 달려라, 나이지리아
- 34 케냐 | 마타타의 신나는 사파리 여행
- 35 남아프리카 공화국 | 루시와 마누는 친구

오세아니아
- 36 오스트레일리아 | 오페라 하우스를 그려 봐
- 37 뉴질랜드 | 하우, 너라면 할 수 있어
- 38 투발루 | 간장 아가씨, 바닷물을 조심해요

주제권
- 39 화폐 | 돈조아 임금님의 퀴즈
- 40 다문화 | 달라도 괜찮아
- 41 옷 | 외계인 빠숑 옷 구경 왔네
- 42 신발 | 클로그를 신을까, 바부슈를 신을까?
- 43 음식 | 황금 포크는 내 거야
- 44 스포츠 | 뚱아 덕아 운동 좀 하자
- 45 괴물 | 유치원에 괴물이 나타났어요

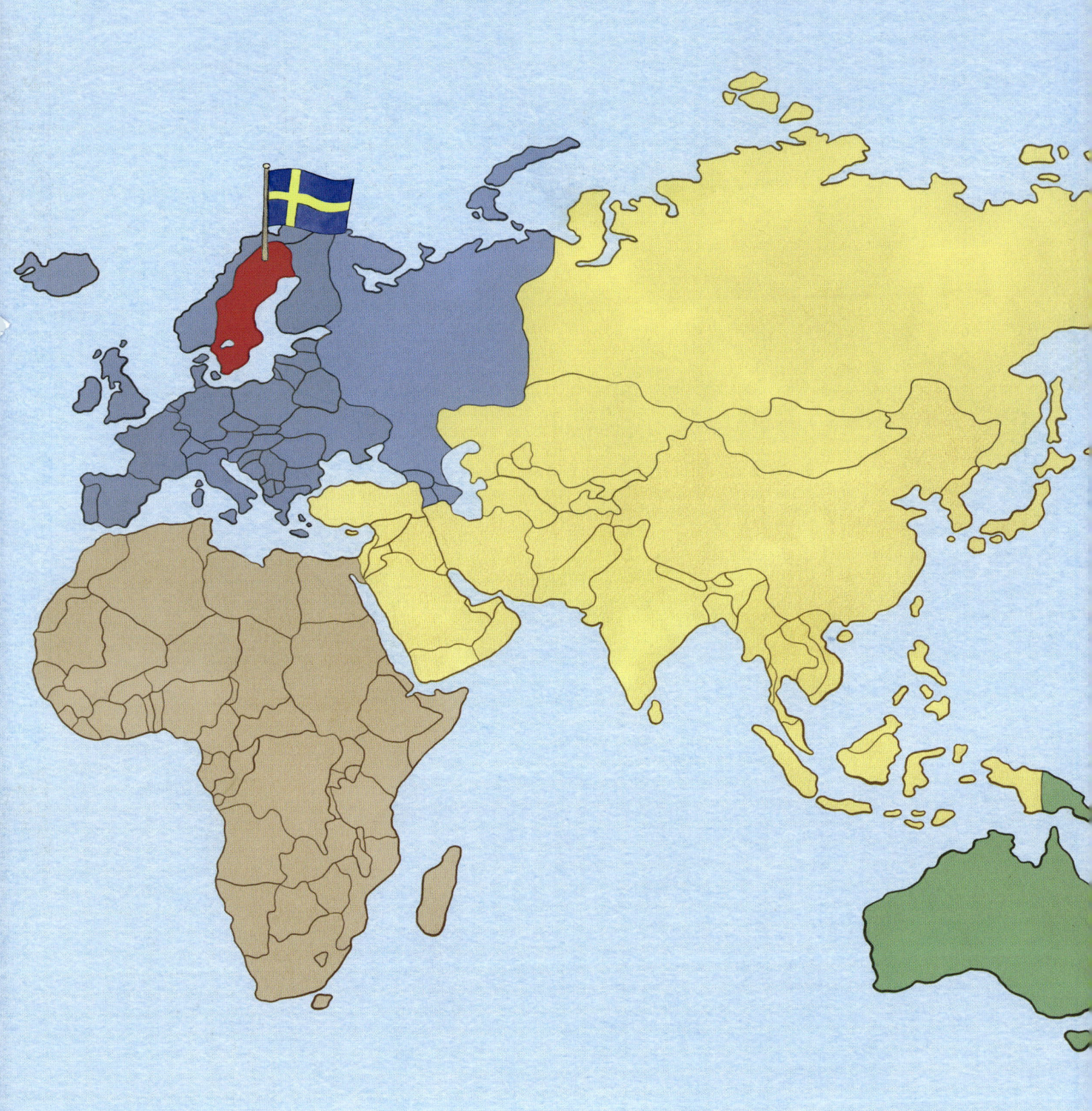

투우장으로 달려가는 소들은 몹시 거칠답니다.
멀찍이 떨어져 있지 않으면 위험해요.
그런데 저기, 이상하게 생긴 자동차가 있어요!
웬 할아버지가 차 지붕에 앉아 있네요.
"할아버지, 이런 데 계시면 위험해요."
할아버지는 잠에서 깨듯 두 눈을 비비며 말했어요.
"여기가 어디지? 내가 왜 여기 있지?
맞다, 맞다! 투우장에 가던 길인가?"
뭐야, 정말 엉뚱한 할아버지네.
"투우는 지금 안 해요. 이따 저녁에 해요.
제가 모셔다 드릴까요?"
"그럼 그럼, 모셔다 줘야지."

저녁이 되자 나는 할아버지랑 투우장으로 달려갔어요.
할아버지는 기운이 나는지 소처럼 이리저리 뛰는 시늉을 했어요.
"내 고향은 투우의 고장이야. 소들이 펄쩍펄쩍 뛰는 곳이지."
투우장에는 성난 황소와 빨간 천을 든 투우사가 대결을 벌이고 있어요.
"잘한다, 잘해! 뿔로 받아 버려!"
할아버지는 흥분해서 마구 소리쳤어요.
"근데 할아버지, 집이 어디예요? 투우 끝나고 집에 가셔야지요."
"응, 집? 아, 내가 집이 있었지? 어디였더라?"
어유, 이렇게 정신없는 할아버지를 두고 갈 수도 없고, 어쩌죠?

"제가 집에 모셔다 드릴게요."
"좋았어. 내가 발명한 자동차를 타고 가자."
할아버지와 나는 자동차에 올라탔어요.
할아버지가 비밀 얘기를 하는 것처럼 귓속말을 했어요.
"사실은 말이야, 이게 차가 아니고 비행기야.
이걸 날게 하느라 내가 얼마나 애를 썼다고."
'아유, 또 시작이셔.'라고 생각한 순간
'붕~!' 하고 정말로 차가 떠올랐어요.

"할아버지, 저 건물 좀 봐요!"
우리가 처음 도착한 곳은 *바르셀로나였어요.
곳곳에 멋진 건물들이 비죽비죽 솟아 있어요.
마치 커다란 놀이동산에 온 것 같았답니다.
"올록볼록한 게 재미나게 생겼구나. 마음에 쏙 들어.
가우디인지 가랑잎인지 하는 친구가 지었단 말이지?
옳지! 내 차도 저런 모양으로 바꿔야겠다!"

할아버지는 느닷없이 뚝딱뚝딱 자동차를 고치기 시작했어요.
"그렇지. 뒤쪽에는 붉은 박쥐 날개를 달고 지붕엔…."
할아버지는 자동차를 고치다 말고 어디론가 사라졌다 나타나곤 했어요.
알록달록 올록볼록한 재료들을 구해 오는 재주는 최고인 것 같았어요.
"할아버지, 근데 집엔 언제 가실 거예요. 기억이 나세요?"
"응? 참, 내가 집을 찾고 있었지. 하하하! 깜박했네.
내가 차를 멋지게 고쳐서 타고 가면 온 동네가 발칵 뒤집힐 거야, 암."

할아버지가 새로 고친 자동차를 타고
우리는 이곳저곳 누비고 다녔어요.
"난 여행이 좋아, 아무렴."
우리는 부뇰이라는 작은 도시의 광장에 도착했어요.
그런데 어디선가 커다란 트럭들이 나타나
엄청나게 많은 토마토를 길에 쏟아 붓지 않겠어요?
사람들이 깔깔 웃으며 토마토를 마구 던졌어요.
"아하! 이거 토마토 축제잖아?"
"내 토마토 폭탄을 받아라!"
어느새 할아버지와 나도 신나게 토마토를 던졌답니다.

"에구, 배고파라.

토마토를 먹진 않고 던지기만 했더니 힘이 하나도 없구나."

"저도 배고파요. 할아버지, 우리 밥 먹으러 가요."

우리는 식당을 찾아 헤매다 대단한 걸 발견했어요.

작은 광장 한가운데, 커다란 냄비가 걸려 있고

무언가 부글부글 끓고 있어요.

"와아! 할아버지, 어마어마한 파에야예요!"

축제 때면 만든다는 발렌시아의 어마어마한 파에야였어요.

"파에야? 우리 고향의 *하몬에 비하면 이건 음식도 아니지."

하지만 할아버지는 재빨리 파에야 냄비로 달려들었답니다.

발렌시아를 떠난 자동차는
우리를 아름다운 궁전 앞에 내려놓았어요.
"아랍 왕의 궁전인가 봐요. 무척 아름다워요!"
알람브라 궁전은 눈부시게 아름다웠어요.
화려한 무늬의 벽과 섬세한 조각들에 입이 딱 벌어졌지요.
"어떠냐, 나 아랍 왕 같지 않냐? 여기가 내 집인가 보다."
"정말요? 진짜 여기가 할아버지 집이에요?"
"하하하! 농담이야.
난 왕이 아니니 궁전이 집일 리 없지."

어? 이번에 우리가 도착한 도시는 쥐 죽은 듯 조용했어요.
가게는 모두 문을 닫았고, 지나다니는 사람도 없어요.
햇볕은 당장 머리에 불이라도 붙일 것처럼 쏟아졌고요.
"할아버지, 너무 뜨겁고 졸려요."
"나도 잠이 쏟아지는구나. 시에스타 시간인 모양이다.
우리 동네에서도 여름날 이 시간이면 모두들 낮잠을 잤지."
우리는 그대로 까무룩 잠이 들었어요.

얼마나 잤을까요?
경쾌한 음악 소리에 두 눈이 번쩍 뜨였어요.
할아버지도 깨어나 두리번거렸어요.
"플라멩코다! 이건 우리 동네 음악이야!"
과연 둥근 광장에 사람들이 모여 플라멩코를 추고 있었어요.
"여기야! 여기가 바로 우리 동네야!"
할아버지는 한달음에 광장으로 달려가 춤을 추기 시작했어요.
"내 고향은 세비야! 투우와 플라멩코, 정열의 고장이야!"

우리는 세비야 거리를 달려 할아버지 집으로 갔어요.
"맞다, 맞아. 여기가 우리 집이야. 할멈, 내가 왔소!"
할아버지가 소리치자 집 안에서 할머니가 나왔어요.
하몬을 만들고 있었는지 손에는 돼지 뒷다리를 들고 있어요.
"이 할아범이! 어디 갔다 이제 오는 거예요?
다시 또 차를 발명하니 어쩌니 해 봐요, 내 가만두나."
할머니는 돼지 뒷다리를 휘두르며 으름장을 놓았어요.
으음, 아쉽지만 이제 난 집으로 돌아갈 시간이네요.
어? 잠깐만요! 그런데 우리 집이 어디였죠?

여기는 에스파냐!

- **정식 명칭** 에스파냐 왕국
- **위치** 유럽 서부 이베리아 반도
- **면적** 약 50만 5천km²
- **수도** 마드리드
- **인구** 약 4,773만 명
- **언어** 에스파냐 어
- **나라꽃** 피토라카

알타미라 동굴 벽화
세계에서 가장 오래된 동굴 벽화야. 구석기 시대 사람들이 그린 거라고 해. 1879년에 발견되었지.

알타미라 동굴 벽화
투우
플라멩코
오렌지

에스파냐는 유럽 대륙의 서쪽 끝인 이베리아 반도에 있어. 서쪽으로 포르투갈, 북쪽으로 프랑스와 맞닿아 있지.

에스파냐의 예술가를 찾아서

에스파냐 사람들은 뜨거운 태양만큼이나 정열이 넘치고 낙천적이야. 자신의 생각을 거리낌 없이 표현하고, 다른 사람의 개성도 존중하지. 그래서 에스파냐에서는 많은 예술가가 나올 수 있었지. 예술과 정열의 나라 에스파냐의 대표적인 예술가들을 만나 볼까?

세계 미술의 거장_피카소

피카소는 사물을 보이는 대로 그리지 않고 조각조각 나누어서 그린 천재 화가야. 국립 소피아 왕비 예술 센터에 가면 피카소의 대표적인 작품 〈게르니카〉를 볼 수 있어. 〈게르니카〉는 전쟁의 무서움과 슬픔을 표현한 벽화야.

재미있는 누리 세계문화

아시아
- 01 중국 | 황제를 만난 타오
- 02 일본 | 요코의 화과자
- 03 베트남 | 할아버지는 어디 계실까?
- 04 태국 | 무아이타이 고수를 찾아라
- 05 필리핀 | 차코의 소원
- 06 인도네시아 | 엄마와 함께 바롱 댄스를
- 07 몽골 | 게르에서 살까?
- 08 네팔 | 정말 예티일까?
- 09 인도 | 하누만, 소원을 들어주세요
- 10 사우디아라비아 | 지금은 라마단
- 11 터키 | 할아버지의 마법 양탄자

유럽
- 12 영국 | 앨리스와 스펜서 백작
- 13 프랑스 | 소원을 들어주는 빵
- 14 네덜란드 | 여왕님의 생일 선물
- 15 독일 | 우리는 동화 마을 방위대
- 16 스위스 | 납치된 가족은 누구?
- 17 이탈리아 | 가방이 바뀌었어
- 18 그리스 | 주문을 외워 봐
- 19 에스파냐 | 엉뚱 할아버지의 집은 어디?
- 20 스웨덴 | 삐삐와 바이킹 소년
- 21 덴마크 | 레고랜드로 간 삼촌
- 22 러시아 | 나타샤의 꿈
- 23 체코 | 슈퍼맨 마리오네트
- 24 루마니아 | 도둑을 잡으러 간 소린

아메리카
- 25 미국 | 플루토 스팟을 찾아가요
- 26 캐나다 | 퍼레이드가 좋아
- 27 멕시코 | 사라진 태양의 왕국
- 28 쿠바 | 말랭이 영감 다리 나았네
- 29 브라질 | 삼촌의 선물
- 30 페루 | 고마워요, 대장 콘도르
- 31 칠레 | 펭귄을 데려다 주자

아프리카
- 32 이집트 | 파라오의 마음이 궁금해
- 33 나이지리아 | 힘차게 달려라, 나이지리아
- 34 케냐 | 마타타의 신나는 사파리 여행
- 35 남아프리카 공화국 | 루시와 마누는 친구

오세아니아
- 36 오스트레일리아 | 오페라 하우스를 그려 봐
- 37 뉴질랜드 | 하우, 너라면 할 수 있어
- 38 투발루 | 간장 아가씨, 바닷물을 조심해요

주제권
- 39 화폐 | 돈조아 임금님의 퀴즈
- 40 다문화 | 달라도 괜찮아
- 41 옷 | 외계인 빠숑 옷 구경 왔네
- 42 신발 | 클로그를 신을까, 바부슈를 신을까?
- 43 음식 | 황금 포크는 내 거야
- 44 스포츠 | 똥아 덕아 운동 좀 하자
- 45 괴물 | 유치원에 괴물이 나타났어요

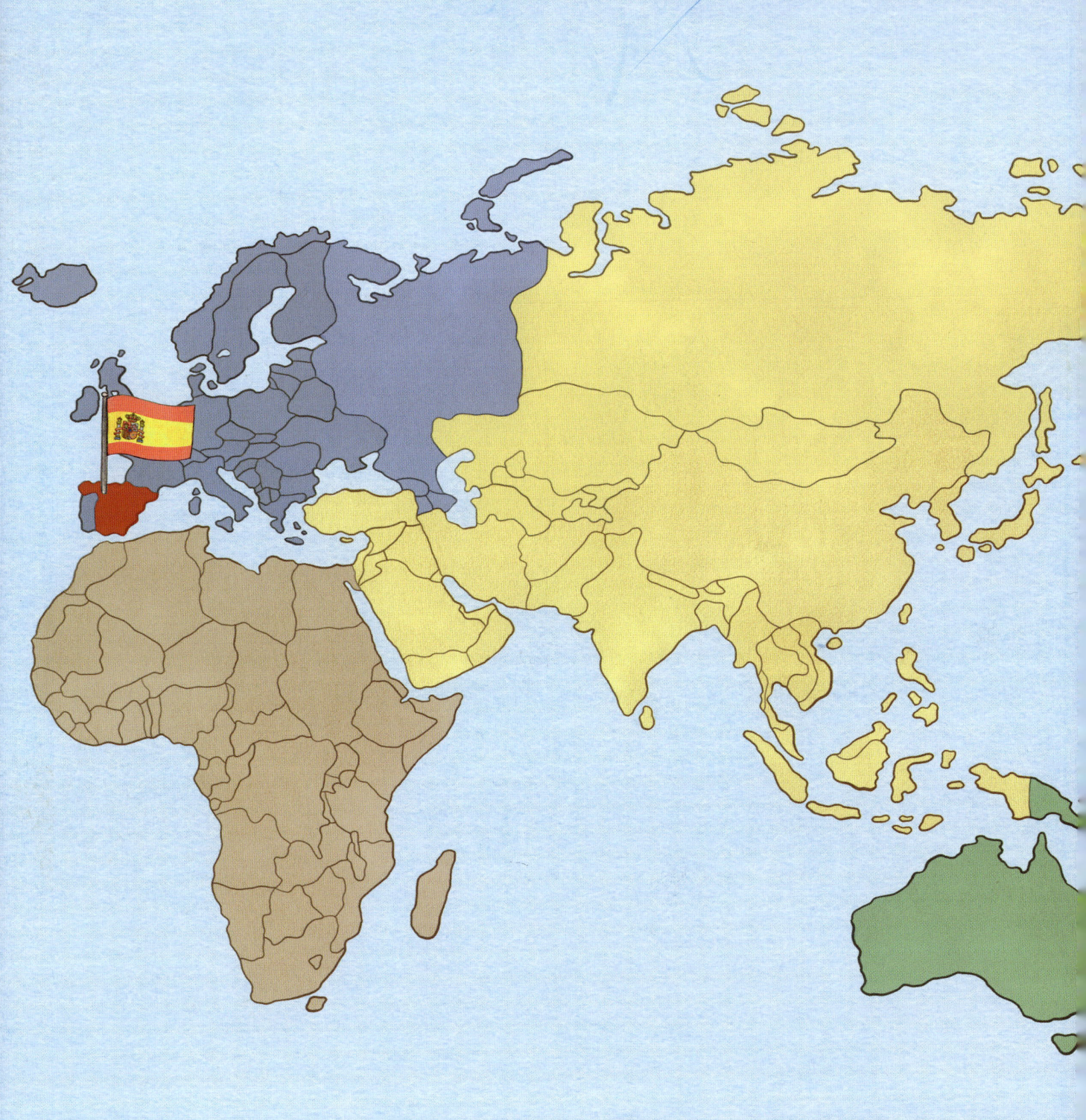